Mi introducción a

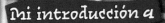

CTIAM

Annette Gulati
y Pablo de la Vega

LA GRAVEDAD EN ACCIÓN

Rourke™

ANTES Y DURANTE LAS ACTIVIDADES DE LECTURA

Antes de la lectura: *Desarrollo del conocimiento del contexto y el vocabulario*

Construir el conocimiento del contexto puede ayudar a los niños a procesar la información nueva y a usar la que ya conocen. Antes de leer un libro, es importante utilizar lo que ya saben los niños acerca del tema. Esto los ayudará a desarrollar su vocabulario e incrementar su comprensión de la lectura.

Preguntas y actividades para desarrollar el conocimiento del contexto:

1. Ve la portada del libro y lee el título. ¿De qué crees que trata este libro?
2. ¿Qué sabes de este tema?
3. Hojea el libro y echa un vistazo a las páginas. Ve el índice, las fotografías, los pies de foto y las palabras en negritas. ¿Estas características del texto te dan información o ayudan a hacer predicciones acerca de lo que leerás en este libro?

Vocabulario: *El vocabulario es la clave para la comprensión de la lectura*

Use las siguientes instrucciones para iniciar una conversación acerca de cada palabra.

- Lee las palabras del vocabulario.
- ¿Qué te viene a la mente cuando ves cada palabra?
- ¿Qué crees que significa cada palabra?

Palabras del vocabulario:
- *fuerza*
- *gravedad*
- *masa*
- *movimiento*
- *orbite*
- *planetas*

Durante la lectura: *Leer para entender y conocer los significados*

Para lograr una comprensión profunda de un libro, se anima a los niños a que usen estrategias de lectura detallada. Durante la lectura es importante hacer que los niños se detengan y establezcan conexiones. Esas conexiones darán como resultado un análisis y entendimiento más profundos de un libro.

Lectura detallada de un texto

Durante la lectura, pida a los niños que se detengan y hablen acerca de lo siguiente:

- Partes que sean confusas.
- Palabras que no conozcan.
- Conexiones texto a texto, texto a ti mismo, texto al mundo.
- La idea principal de cada capítulo o encabezado.

Anime a los niños a usar las pistas del contexto para determinar el significado de las palabras que no conozcan. Estas estrategias los ayudarán a aprender a analizar el texto más minuciosamente mientras leen.

Cuando termine de leer este libro, vaya a la última página para ver una **Actividad para después de la lectura.**

Índice

Empuja, hala, ¡vamos!

Empujar o halar es aplicar una **fuerza**.
Una fuerza causa un **movimiento**.

Puedes empujar un columpio. Puedes halar una carretilla. Puedes empujar o halar una puerta para abrirla. El viento también puede empujar o halar algo.

Abajo, abajo, abajo

La **gravedad** también es una fuerza. Pero no puedes verla.

Suelta un lápiz. Arroja una pelota. Brinca. ¿Qué sucede? La gravedad hala todo hacia la Tierra.

La fuerza de gravedad provoca que la Luna **orbite** alrededor de la Tierra. Hace que los **planetas** se muevan alrededor del Sol.

13

Más o menos masa

Todo tiene una **masa**. Las cosas con más masa tienen una mayor fuerza de gravedad.

La Tierra tiene mucha masa.
Su fuerza de gravedad te mantiene
con los pies en la tierra.

La Luna tiene menos masa.

¡En la Luna podrías brincar más alto!

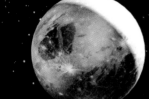

La caída de un huevo

¿Qué sucede cuando dejas caer un huevo? Usa distintos materiales para protegerlo. ¿Puedes evitar que el huevo se rompa? ¿Qué materiales funcionan mejor?

Necesitarás:

- ✓ una pequeña caja de cartón
- ✓ papel higiénico
- ✓ huevos

✓ cinta adhesiva

✓ tijeras

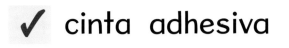

✓ otros materiales que podrían amortiguar la caída del huevo: bolas de algodón, una toalla, hule espuma u otras cosas.

Instrucciones:

1. Llena la caja de cartón con papel higiénico. Coloca el huevo en medio del papel.

2. Cierra la caja con cinta adhesiva. Deja que la caja caiga desde lo alto de algún lugar, como podría ser un juego en un jardín de juegos.

3. Hazlo de nuevo. Cubre el huevo con diferentes materiales.

Glosario fotográfico

 **fuerza:** Una acción que inicia o detiene el movimiento de un objeto.

 **gravedad:** La fuerza que atrae las cosas hacia la Tierra.

 **masa:** La cantidad de materia que tiene un objeto.

 **movimiento:** El acto o proceso de cambiar de lugar o posición.

 **orbite:** Que se mueve en círculos alrededor de un objeto, como los planetas o el Sol.

 **planetas:** Enormes objetos naturales que viajan alrededor de una estrella, como el Sol.

Índice alfabético

Actividad para después de la lectura

Participa en una búsqueda del tesoro de empujar y halar. Usa una nota adhesiva de color para los objetos que puedes empujar. Usa una nota adhesiva de otro color para los objetos que puedes halar. Etiqueta todas las cosas que puedas. ¿Hay objetos que pueden ser empujados y halados?

Acerca de la autora

La fuerza de gravedad mantiene a Annette Gulati sentada en su escritorio en Seattle, WA. Pero de vez en cuando se alza para halar la puerta y abrirla, salir y explorar el mundo.

www.rourkebooks.com

PHOTO CREDITS: Cover and Title Page © onebluelight; Pg 12, 23 © adventtr; Pg 4, 22, 23 © ssj414; Pg 8, 22 © winyuu; Pg 14, 22 © ANNECORDON; Pg 6 © monkeybusinessimages; Pg 11 © gradyreese; Pg 16 © viledevil; Pg 19 © Zenobillis

Editado por: Laura Malay
Diseño de la tapa: Rhea Magaro-Wallace
Diseño de los interiores: Kathy Walsh
Traducción: Pablo de la Vega

Library of Congress PCN Data
La gravedad en acción / Annette Gulati
(Mi introducción a CTIAM)
ISBN 978-1-73165-471-7 (hard cover)(alk. paper)
ISBN 978-1-73165-522-6 (soft cover)
ISBN 978-1-73165-555-4 (e-book)
ISBN 978-1-73165-588-2 (e-pub)

Library of Congress Control Number: 2022939734

Rourke Educational Media
Printed in the United States of America
01-0372311937